Las plantas son seres vivo

Bobbie Kalman

Crabtree Publishing Company

www.crabtreebooks.com

Creado por Bobbie Kalman

Dedicado por Crystal Sikkens
A mis queridos amigos Steve, Kari, Alanna, Cheyenne y Aiden

Mixed Sources
Product group from well-managed forests and other controlled sources
www.fsc.org Cert no. SW-COC-1271
© 1996 Forest Stewardship Council

Autora y editora en jefe
Bobbie Kalman

Editoras
Reagan Miller
Robin Johnson

Investigación fotográfica
Crystal Sikkens

Diseño
Bobbie Kalman
Katherine Kantor
Samantha Crabtree (portada)

Coordinadores de proyectos
Robert Walker
Kenneth Wright

Coordinación de producción
Margaret Amy Salter

Consultor lingüístico
Dr. Carlos García, M.D., Maestro bilingüe de Ciencias,
    Estudios Sociales y Matemáticas

Ilustraciones
Barbara Bedell: páginas 8 (todas excepto el helecho), 17, 18,
    24 (manzanas, brotes y tubérculos)
Bonna Rouse: páginas 6, 7, 8 (helecho), 10, 16, 24 (bulbo, célula y
    flor en la parte superior, arriba)
Margaret Amy Salter: páginas 20, 24 (la flor del centro)

Fotografías
© Dreamstime.com: páginas 1 (niña), 22 (parte superior)
© iStockphoto.com: portada, páginas 5 (derecha), 10, 11, 14, 15,
    22 (parte inferior), 23 (izquierda), 24 (centro izquierda)
© ShutterStock.com: contraportada, páginas 1 (plantas), 4, 5 (fondo
    e izquierda), 7 (parte inferior), 8, 12, 13 (partes superior e
    inferior a la derecha), 16, 18, 19, 20, 21, 24 (partes
    central e inferior derechas)
Otras imágenes de Digital Stock, Photodisc y TongRo Image Stock

Traducción
Servicios de traducción al español y de composición de textos
    suministrados por translations.com

Library and Archives Canada Cataloguing in Publication

Kalman, Bobbie, 1947-
    Las plantas son seres vivos / Bobbie Kalman.

(Introducción a los seres vivos)
Includes index.
Translation of: Plants are living things.
ISBN 978-0-7787-8677-1 (bound).--ISBN 978-0-7787-8686-3 (pbk.)

    1. Plants--Juvenile literature. I. Title. II. Series: Kalman, Bobbie, 1947-
Introducción a los seres vivos.

QK49.K32718 2008   j580   C2008-902908-9

Library of Congress Cataloging-in-Publication Data

Kalman, Bobbie.
    [Plants are living things. Spanish]
    Las plantas son seres vivos / Bobbie Kalman.
        p. cm. -- (Introducción a los seres vivos)
    Includes index.
    ISBN-13: 978-0-7787-8686-3 (pbk. : alk. paper)
    ISBN-10: 0-7787-8686-2 (pbk. : alk. paper)
    ISBN-13: 978-0-7787-8677-1 (reinforced library binding : alk. paper)
    ISBN-10: 0-7787-8677-3 (reinforced library binding : alk. paper)
    1. Plants--Juvenile literature. I. Title. II. Series: Kalman, Bobbie.
Introducing living things. Spanish.

QK49.K15518 2008
580--dc22
                                                    2008019151

Crabtree Publishing Company

www.crabtreebooks.com   1-800-387-7650

Copyright © **2009 CRABTREE PUBLISHING COMPANY**. Todos los derechos reservados. Se prohíbe la reproducción total o parcial de esta obra, su almacenamiento en un sistema de recuperación o su transmisión en cualquier forma y por cualquier medio, ya sea electrónico o mecánico, incluido el fotocopiado o grabado, sin la autorización previa por escrito de Crabtree Publishing Company. En Canadá: Agradecemos el apoyo económico del gobierno de Canadá a través del programa *Book Publishing Industry Development Program* (Programa de desarrollo de la industria editorial, BPIDP) para nuestras actividades editoriales.

Publicado en Canadá
Crabtree Publishing
616 Welland Ave.
St. Catharines, Ontario
L2M 5V6

Publicado en los Estados Unidos
Crabtree Publishing
PMB16A
350 Fifth Ave., Suite 3308
New York, NY 10118

Publicado en el Reino Unido
Crabtree Publishing
White Cross Mills
High Town, Lancaster
LA1 4XS

Publicado en Australia
Crabtree Publishing
386 Mt. Alexander Rd.
Ascot Vale (Melbourne)
VIC 3032

Impreso en Canadá

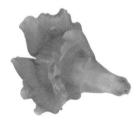

Contenido

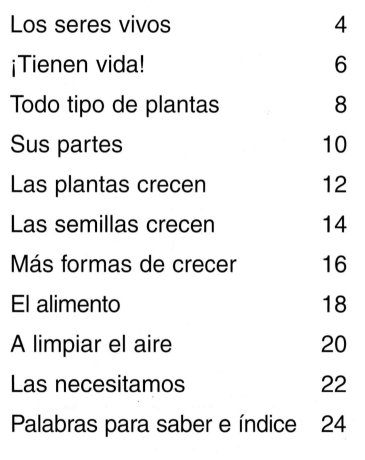

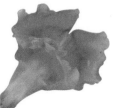

Los seres vivos

Los seres vivos necesitan aire, agua, alimento y luz solar. También necesitan un lugar para vivir y crecer. Las personas son seres vivos. Los animales son seres vivos. Las plantas también son seres vivos. Ellas necesitan aire, agua, alimento y luz solar.

Las plantas necesitan un lugar
para crecer. Algunas crecen en
la tierra. Otras crecen en el agua.
¿Cuáles de estas plantas crecen
en la tierra? ¿Cuáles crecen en
el agua?

jacinto

nenúfares

¡Tienen vida!

Todos los seres vivos están formados por partes diminutas llamadas **células**. Las plantas también están formadas por células.

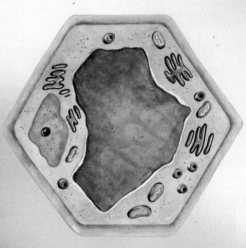

célula vegetal

Las células son
muy pequeñas y
no podemos verlas
a simple vista.
Necesitamos un
microscopio. Este
niño está usando un
microscopio para ver
células vegetales.
Esto es lo que ve
con el microscopio.

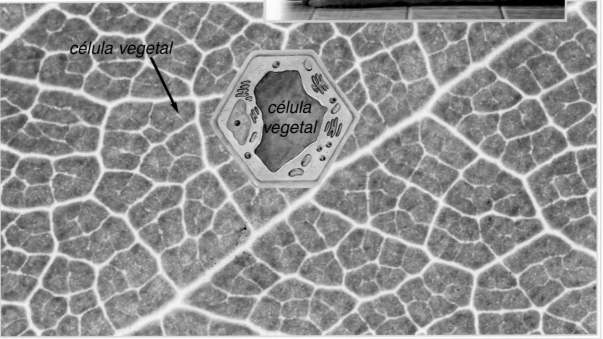

célula vegetal

*célula
vegetal*

Todo tipo de plantas

flor

Las flores son plantas.
El pasto también. La hierba
es una planta. Los helechos
también son plantas.
¿Este ciervo es una planta?
¿Qué tipo de ser vivo es?

pasto

hierba

helecho

8

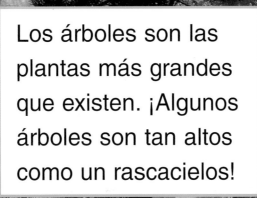

Los árboles son las plantas más grandes que existen. ¡Algunos árboles son tan altos como un rascacielos!

9

Sus partes

La mayoría de las plantas tienen **raíces**, **tallos** y **hojas**. Algunas plantas tienen flores. Algunas tienen frutos. Nombra cinco clases de frutos.

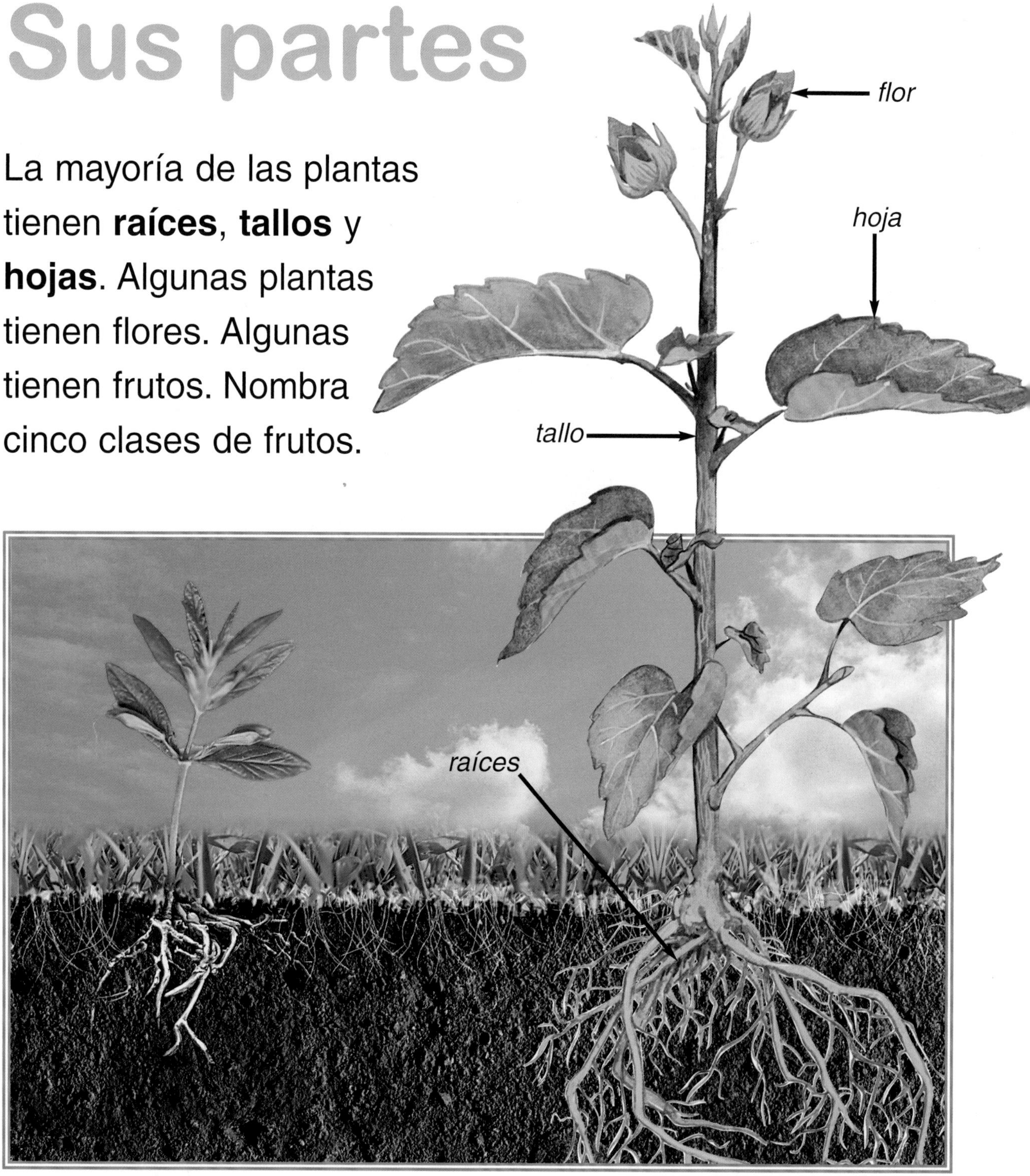

flor

hoja

tallo

raíces

semillas

Estos girasoles tienen raíces, tallos, hojas y flores. También tienen semillas. ¿Dónde están sus semillas? Este pequeño árbol de chile tiene raíces, tallos, hojas y frutos. Sus frutos son los chiles.

árbol de chile

11

Las plantas crecen

Las plantas crecen y cambian. Estas tomateras ahora son pequeñas, pero crecerán rápidamente. Pronto darán frutos llamados tomates.

Al principio, los tomates son verdes y pequeños. Pero seguirán creciendo.

Mientras crecen se vuelven de color rojo. Los tomates rojos ya están **maduros**. Maduro significa que ya terminó de crecer. Los tomates rojos están listos para comer. ¡Son dulces y deliciosos!

Las semillas crecen

Muchos tipos de plantas producen semillas. De las semillas nacen plantas nuevas. Las plantas de frijoles nacen de semillas. Ésta es una planta de frijoles.

hoja

③

tallo

①

②

tallo

semilla

raíces

Así crecen las plantas de frijoles.

1. La semilla se abre.
2. Las raíces crecen hacia el interior de la tierra. El tallo empieza a crecer arriba de la tierra.
3. Las hojas crecen en el tallo. ¿Qué crees que pasa después?

¿Qué es un ciclo de vida?

El **ciclo de vida** de una planta es cómo cambia desde la semilla a la planta crecida. La planta ya crecida produce nuevas semillas. Estas ilustraciones muestran el ciclo de vida de una planta de frijoles desde que es una semilla hasta que produce nuevas semillas.

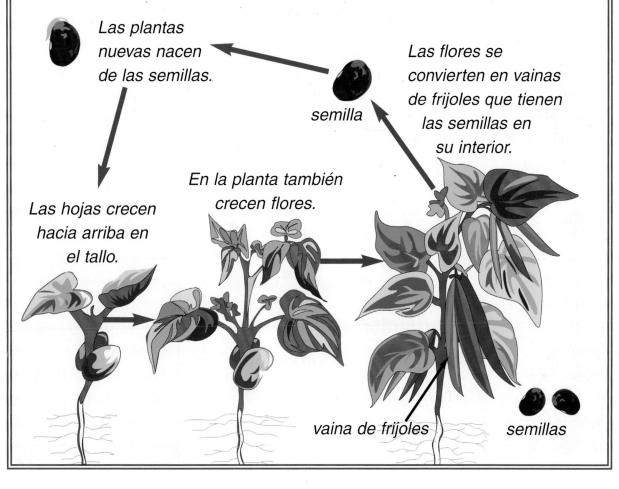

Las plantas nuevas nacen de las semillas.

Las flores se convierten en vainas de frijoles que tienen las semillas en su interior.

semilla

Las hojas crecen hacia arriba en el tallo.

En la planta también crecen flores.

vaina de frijoles

semillas

Más formas de crecer

Algunas plantas no nacen de semillas.
Crecen de formas diferentes.

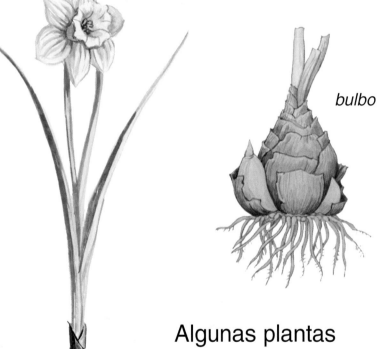

bulbo

Algunas plantas
nacen de **bulbos**.
Los narcisos nacen
de bulbos. El bulbo de
arriba se convertirá en
un narciso como las
dos flores que ves aquí.

16

Las papas son tallos
redondos y gruesos
llamados **tubérculos**.
Las plantas de papa
nacen de tubérculos.

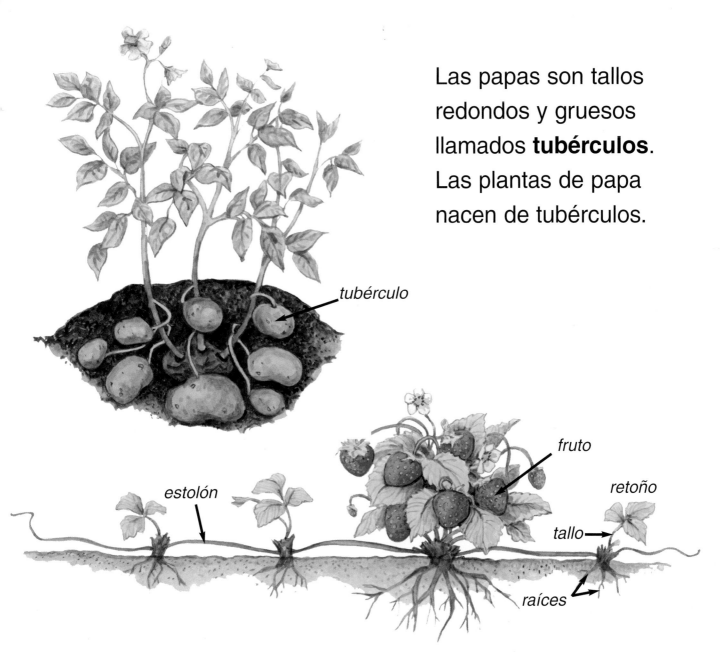

tubérculo

fruto

retoño

estolón

tallo

raíces

Las plantas de fresas tienen **estolones** que se
extienden debajo del suelo. Retoños pequeños
nacen de esos estolones. De los retoños nacen
raíces y tallos. Los retoños se convierten en
nuevas plantas. En ellas crecerán frutos.

17

El alimento

Las plantas son los únicos seres vivos que pueden producir su propio alimento. Para esto necesitan luz solar, aire y agua. Las plantas toman la luz solar y el aire a través de las hojas. Usan la luz del sol para convertir el aire y el agua en alimento. Esta forma de producir alimento se llama **fotosíntesis**.

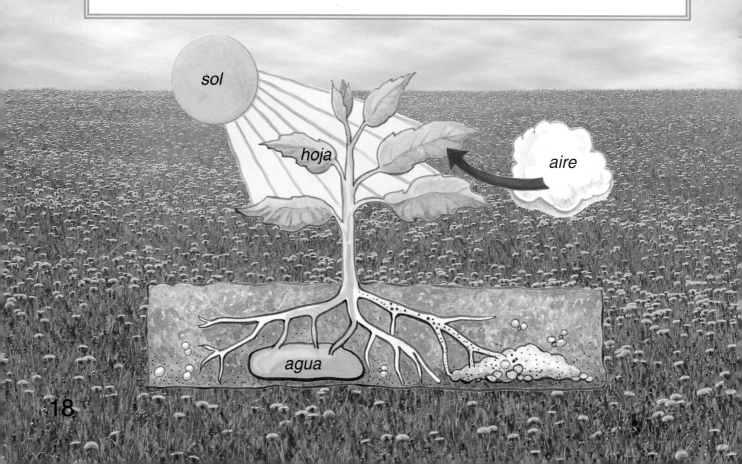

sol

hoja

aire

agua

Las plantas absorben agua a través de las raíces. Las raíces pueden estar en la tierra o en el agua. Las plantas también toman **nutrientes** de la tierra y el agua. Los nutrientes ayudan a las plantas a crecer. También nos ayudan a crecer a nosotros. Nosotros obtenemos los nutrientes del alimento que comemos.

Las raíces de esta planta absorben agua y nutrientes de la tierra.

A limpiar el aire

Cuando las plantas producen su alimento, absorben **dióxido de carbono**. El dióxido de carbono es un gas que está en el aire. Este gas es dañino para las personas y los animales.

dióxido de carbono

oxígeno

Las plantas ayudan a mantener limpio el aire de la Tierra.

Cuando las plantas producen su alimento, liberan **oxígeno**. El oxígeno es un gas que las personas y los animales necesitan para respirar.

Las plantas ayudan a limpiar el aire produciendo oxígeno.

21

Las necesitamos

Las plantas son importantes para todos los seres vivos. Nos dan muchas de las cosas que necesitamos para vivir. Algunos animales construyen sus hogares con plantas. El nido de este cisne está hecho con partes de plantas.

Los árboles nos dan sombra y limpian el aire. Nos dan madera para que construyamos nuestros hogares. También usamos las plantas para fabricar ropa y papel.

Lo más importante de todo es que las plantas dan alimento a las personas y a los animales. Siembra una hortaliza esta primavera. Te divertirás viendo crecer tus plantas. ¡Y además disfrutarás mucho de sus deliciosos frutos!

23

Palabras para saber e índice

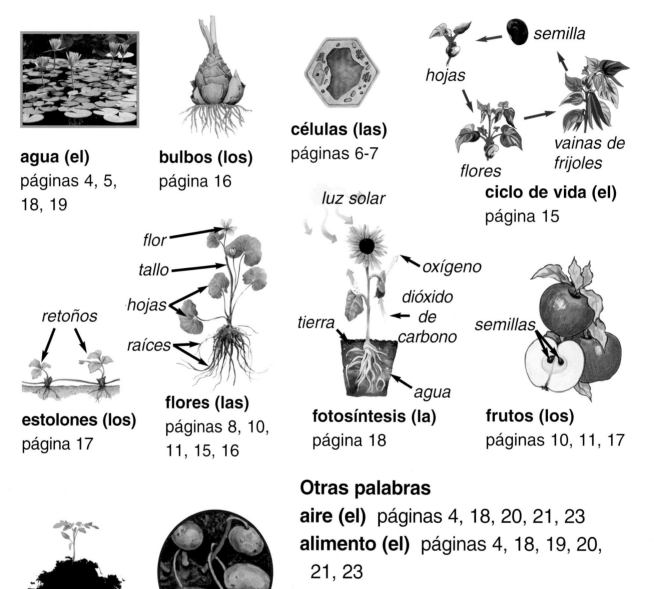

agua (el)
páginas 4, 5,
18, 19

bulbos (los)
página 16

células (las)
células (las)
páginas 6-7

semilla

hojas

flores

vainas de frijoles

ciclo de vida (el)
página 15

flor

tallo

hojas

raíces

retoños

estolones (los)
página 17

flores (las)
páginas 8, 10,
11, 15, 16

luz solar

oxígeno

dióxido de carbono

tierra

agua

fotosíntesis (la)
página 18

semillas

frutos (los)
páginas 10, 11, 17

tierra (la)
páginas 5,
14, 19

tubérculos (los)
página 17

Otras palabras

aire (el) páginas 4, 18, 20, 21, 23

alimento (el) páginas 4, 18, 19, 20,
  21, 23

hojas (las) páginas 10, 11, 14, 15, 18

raíces (las) páginas 10, 11, 14, 17, 19

semillas (las) páginas 11, 14, 15, 16

tallos (los) páginas 10, 11, 14, 15, 17

Impreso en Canadá